Para Cecilia y Jacob
D. A.

Para Brennan,
que imagina a lo grande.
M. M.

Para Aerin y Elise
R. R.

El papel utilizado para la impresión de este libro ha sido fabricado a partir de madera procedente de bosques y plantaciones gestionadas con los más altos estándares ambientales, garantizando una explotación de los recursos sostenible con el medio ambiente y beneficiosa para las personas.

Penguin
Random House
Grupo Editorial

Imaginación con René Descartes

Título original: *Imagination with René Descartes*

Primera edición en España: septiembre, 2021
Primera impresión en México: diciembre, 2021

D. R. © 2020, Duane Armitage y Maureen McQuerry
Publicado por acuerdo con G. P. Putnam's Sons,
un sello de Penguin Young Readers Group,
una división de Penguin Random House LLC.
Todos los derechos reservados.

D. R. © 2021, de esta edición: PRHGE Infantil, S.A.U. (anteriormente RBA Libros, S.A.)
PRHGE Infantil, S. A. U. es una empresa del grupo Penguin Random House Grupo Editorial, S. A. U.
Travessera de Gràcia, 47-49, 08021, Barcelona

D. R. © 2021, derechos de distribución en lengua castellana:
Penguin Random House Grupo Editorial, S. A. de C. V.
Blvd. Miguel de Cervantes Saavedra núm. 301, 1er piso,
colonia Granada, alcaldía Miguel Hidalgo, C. P. 11520,
Ciudad de México

penguinlibros.com

D. R. © 2021, Mireia Rué Górriz, por la traducción
D. R. © 2020, Robin Rosenthal, por las ilustraciones
Maquetación: Lookatcia.com

ISBN: 978-607-381-070-8

Impreso en México – *Printed in Mexico*

GRANDES IDEAS PARA PEQUEÑOS FILÓSOFOS

Duane Armitage

Maureen McQuerry

IMAGINACIÓN
CON RENÉ DESCARTES

Ilustraciones de Robin Rosenthal

Traducción de Mireia Rué

serres

UN FILÓSOFO ES UNA PERSONA QUE AMA LA SABIDURÍA. SABIDURÍA SIGNIFICA SABER COSAS QUE TE AYUDAN A VIVIR MEJOR Y SER FELIZ.

René Descartes era un filósofo
que utilizaba su imaginación
para comprender mejor el mundo.

René pensaba que imaginar
nos hacía muy sabios.

Imaginar significa
formar imágenes en la mente.
¿Qué te gusta imaginar?

**Un día, René decidió investigar
hasta dónde podía llegar su imaginación.**

**Primero, imaginó aquello
que veía a diario, como los árboles
y sus amigos.**

Luego, imaginó cosas
que no había visto nunca,

como el fondo del océano
y una selva densa y extensa.

¿Puedes imaginar
el fondo del océano?

¿Qué imágenes
se forman en tu mente?

Ahora imagina
lo que podrías ver
en una selva.

¿Qué imágenes tienes
en la cabeza?

René se preguntó si todo el mundo imaginaba las cosas del mismo modo.

Y comprendió que los demás
imaginaban las cosas
de formas muy diversas.

La imaginación de cada uno es única
y distinta a la de las otras personas.

Pero aunque cada uno
imagina las cosas a su modo,
¡todos imaginamos!

Imaginar es pensar y pensar te hace ser quien eres. A esto, René lo llamó:

«PIENSO, LUEGO EXISTO».

Como la imaginación
te convierte en ti mismo,
¡la imaginación
te hace real!

¡Si imaginas a lo grande
como René Descartes,
también podrás
ser filósofo!

La filosofía es una ciencia que
nos enseña a pensar,
a hacernos preguntas...
¡y a resolverlas!

¿QUIÉN FUE DESCARTES?

René Descartes (1596-1650) nació en Francia y vivió en Holanda, Dinamarca y Alemania. Además de ser filósofo, se dedicó a estudiar matemáticas.

Imaginación con René Descartes de Duane Armitage y Maureen McQuerry
se terminó de imprimir en diciembre de 2021
en los talleres de
Litográfica Ingramex S.A. de C.V.,
Centeno 162-1, Col. Granjas Esmeralda, C.P. 09810,
Ciudad de México.